2

EL AIRE DIVIDIDO

Un jurado compuesto por

Enrique García-Máiquez, Aurora Luque,
Julio Martínez Mesanza, Eloy Sánchez Rosillo,
Amalia Bautista y *Carmelo Guillén Acosta*

concedió a este libro
un ACCÉSIT del PREMIO ADONÁIS 2023

ANTONIO DÍAZ MOLA

EL AIRE DIVIDIDO

ADONÁIS

693
EDICIONES RIALP
Madrid

Estilo Estugraf, S.L. Ciempozuelos (Madrid)

Para Patricia Díaz Arcos,
que ha confiado en mí más de lo que yo he podido.

Pero todo aquello que tocamos, tú y yo,
nos une, como un golpe de arco,
que una sola voz arranca de dos cuerdas.
¿En qué instrumento nos tensaron?
¿Y qué mano nos pulsa formando ese sonido?
¡Oh, dulce canto!

RAINER MARIA RILKE

EL AIRE DIVIDIDO

LLUVIA DESDE LA CASA

LA lluvia es un ejemplo literario
que ayuda a confesar un crimen o un amor.

Mirando cómo nada permanece
ensayo la postura de vivir.
Perfecciono por dentro la paciencia.

Párpado tuyo aquí,
clausurado en la música del día,
temblor de cortinas y luz del aire.

No abro los ojos
salvo por ocasión de un roce leve
trayendo claridad sobre la cama.

Hay pájaros que duermen mientras vuelan.
Imagino la fuga de sus sueños.

Lo digo en la evidencia de saber
que estás cerca y dormida,
que no existe la culpa
en protegerte.

Te toco. Se confirma el argumento:
el mundo es tan real
como decirlo y ver que estás al lado.

SEIS DE LA TARDE

LA línea horizontal
del mar callado
a las seis de la tarde de este amor.

Junto a una mesa en la terraza,
lo que miramos
es la articulación
del siglo inapelable que nos une.

Y el mar,
que diseña en tu piel
la sal del fondo y de la superficie.

NUBE

A más amplio sol, más blanco es lo suave
del filamento que declina, fibra
esponjosa, leve, recién caída
de su lento avance o profundo surco.

Imagina barrer restos de sombra.
Recomponer el cielo
como un puzle de nubes y de ti,
guardar, igual que una reliquia,
la porción de algodón en los cajones:
trozo flotante y blanco de miradas.

Imagina el pasmo y el honor
de robar horizontes de leyenda,
de ser los mismos antes y después
a esta hora en que ya nos amanece.

CALLE ANARANJADA

LA naranja caída
aligera el clima,

lo saben los que besan
la cítrica mojada entre los dientes,

el deseo
tiene algo de fruta que cae
sobre la acera,

pasar por ella
nos deja en suspensión la edad,
quién sabe cuándo surge el acontecimiento:

tú me has dado la mano
y esta calle es naranja.

UN PACTO DE FUTURO

ENTREGARTE una flor es un asunto
que no me pertenece.
Prefiero que respires la mañana
con todo lo que soy,
bostezos de cansancio que contagien
los tuyos en silencio.

La forma en que unto el pan con mantequilla
define mi carácter
de acabar antes de tiempo.
Imposible comprar
la flor más duradera.
La única que pude regalar
la hice en el colegio
y fue para una nota de dibujo.

Separo lo que he hecho
de todo lo que queda por hacer,
y llamo a tu futuro novedad.

El mío si es contigo es duradero.
Y no la flor:
mortal idolatrada.

ÁRBOL

YA he mirado, mucho antes, este árbol.
Aquí nada es premura.
Y no me he dado cuenta
que respiraba pulso compartido:
novato ante la edad,
tan verde como el verde de las hojas.

En la corteza
han fijado las horas unas marcas.
La fecha de una cita con grafiti.
Mural en que respiran los insectos.

Tallar un sentimiento. Qué sosiego
si esta raíz custodia el huracán,
el río, la montaña,
lo invisible.

ZODIACO

EN un tarro de arena colocas el cangrejo,
y el cristal sigue amparando la luz
con la que el sabio a esto llamaría
decápodo, horóscopo, crustáceo,
razón de ser promesa
infundada, extraña, convincente,
severo material hecho promesa.
En trayecto de avance o de retorno,
este cangrejo en calma y leve orilla
es igual que un regalo favorable:
creer en el azar.
Atrapado en el bote
sería collar, carta, amuleto,
destino de este aire donde somos
paseantes de julio por la costa.

PRÓRROGA

A veces se me ocurre
que el mundo nos concede un tiempo extra.

Un ámbito de exploración
para la suma de bellezas
en circunstancias fuera de su sitio.

Y yo le haría caso a ese desorden.
Iría hacia la ilógica
de aquello que no esperas, pero ocurre.

Igual que dos ejércitos hostiles
jugando a la pelota
en calma y navidad
—fortaleciendo asombros—,

así querría vernos a ti y a mí:
en el momento equívoco
de una luna muy alta
cuando parece tarde y es de día.

TEORÍA DE UN COLOR FAVORITO

DATE cuenta: el rosa es un color
de una nube camino a no ser nube,
de un algodón de feria en el agosto
de la ciudad al sur

y, en ambos casos,
rosa es un hecho sometido
a la caducidad:
descolorida nube si anochece
o digerido algodón si lo mordemos.

Tan solo prevalece la esencia de lo humano.
Rosa es también el nombre de una chica
que rozó con placer
el clítoris rosado y sigiloso.

Rosa es el alma
cuando pasas el beso
de tu boca mojada hasta la mía.
En biblias grises, rosa es el milagro.

EL BESO

UN beso elemental es acabar el día
y que siga el aliento confundido
en la vida y la muerte
y la aventura.

Un beso que no olvide acentos
o sentencias. Que alguien
pueda decir dónde queda ese roce
porque es una avenida
o un dato biográfico.
Algo que se busca en los estantes
como una foto o un juego de cubiertos.

Soy un soplo de tu aire.
Eres la sensación
de no dolerme el tiempo
aunque me duela.

Con la urgencia de amor de una ambulancia
me cuelo en los pasillos
mentales de tu mundo:

he visto que es de noche
las veces que imaginas este beso.

REGALO DE UN INSTANTE

ME prestas tu reloj
a cambio de palabras
para que algo ocurra
en la constelación de las esferas.

Con él en mi pulsera,
asumo la ley puntual
del acuerdo que a ambos nos incumbe:
ser parte de otras partes,
ocupar en la espera
una presencia.

Ahora, tú,
desprendida de él,
ausente de artefactos
vives la autonomía de la pausa.
Feliz, libre, total,
pasas tu tiempo al mío.

Yo acepto que se quede
conmigo y en mi pulso
lo mismo que el silencio
en las ventanas.

EL SEMÁFORO

AÚN hay tiempo
para que nos sorprenda la tormenta
que los aires barnizan con extracto
de colonia empapada por la piel.

Aún hay tiempo de respirarlo todo,
de olvidar el abrigo en el perchero
en días igual que hoy,
en la espera de un paso de cebra
con lluvia de minutos,
calados y encalados,
y ser entonces yo contigo alguien
en dos pulsos unánimes,
unísonos de asombro y tal vez luz.

Señal de los semáforos
tan verde y tan precisa. Dadnos más.
Más viento que alborote el pelo,
más niebla mitológica,
más combustible en coches hacia dónde.

En estatuas soportando la erosión
nos hemos convertido

en este cruce de avenida vacía,
estatuas de amantes a la intemperie
o latido por dentro
revestido de tela de órgano vital.

Que cambien los colores,
eterno acontecer.
Que estemos para siempre
en su albedrío.

BALLET

EN un país de orquestas apagadas
hay quien no considera
que sea un deporte el *ballet*.

Muy fácil advertir la gota de sudor
sobre unos hombros cálidos
en lance de equilibrio con soltura.

Deporte en abstracción con elegancia,
hipnótico vaivén tan imposible,
que no es solo ejercicio físico
sino también de espíritu.

De manera indeleble la tela se disipa.
Y se entrega a subastas
del que compra el olor de vestuarios femeninos
en busca de belleza en suspensión
y magia de un pasado respirable.

Qué decir de la sangre en el parqué,
seguramente sea
más digna que en los guantes de boxeo
o sobre el césped de un campo de fútbol.

Ausencia de dolor, solo aparente,
que lleva al periodista a desmentir
la pasión de un silencio en ceremonia.

Demos lugar al baile
en la fuerza centrífuga de un órgano vital
que marca el ritmo a tiempo y lo trasciende.

Te ven desde la grada. Ya eres única.
Y tu ágil movimiento
será pintura quieta
en la pared de casa de tus padres.

SITUACIÓN

ALGO me has dicho
de magia y pasatiempos,
ya lo he olvidado.
La blanda cama
no es ahora sino espacio
de silencio y luz.

¿Eres o no
la que duerme conmigo
y aguanta mis manías?
Música lenta,
las pinzas por colores,
comer callados.

Hoy no es la noche
un tiroteo
en los puertos lujosos.
Es noviembre.
Y un libro que había perdido
está bajo la cama.

Algún bibliófilo
feliz, lo abrazaría.
Yo no: otro es mi cuerpo.

EL HOMENAJE

EL homenaje
que el cuerpo brinda al arte
es desnudarse y entregar
un primer día a los siguientes
y repetir el ciclo
de amor a la aventura sin pensarlo.

Nos hace humanos
perder algunos gramos del espíritu
en los poros de una axila.

En plena madrugada
sin temor,
escucho cómo dices que me sueñas,
y se activa un área de placer
en el cerebro.

A veces
es la voz lo que seduce:
palabras por segundo
del tiempo que invertimos en amar.

LOS EUCALIPTOS

LOS eucaliptos dudan de ti, que los contemplas.
Su humildad, tan llevada a una línea de costa,
camufla en el espacio una fragancia
que puede ser del cielo
o del malabarista en equilibrio
por una cuerda fina entre dos troncos.

Y cuando están ausentes, te das cuenta.
Aquí había un árbol
cuya madera limpia y milenaria
ahora es un tablero de ajedrez.

Adornos con más vida que la vida.
Jaque mate o regreso a la hermosura
del aire navegable entre las ramas
donde cantaron pájaros y novios.

Los eucaliptos laten con otros eucaliptos.
Congregan en su círculo de paz
semillas y raíces silenciosas
para hacer infusiones o cosméticos.

Nadie puede olvidar
el sitio de unas horas tan felices.
Me pido en el futuro
la altura de esta calma natural.
Me pido tras la muerte la alegría
del chicle de eucalipto en tu saliva.

VISITA A UN MUSEO DE ESPADAS

DEJADA en un lugar de río y tierra,
su bronce derritiéndose de olvido,
la espada pronostica con valor
ser muerte venerada entre la lucha.
Forjada en los imperios, es pasado,
punzante frío en alza,
memoria de un acierto tan profundo
que se nombra en ciclón de tempestades.
Numancia o Roma. Qué solida luz
del metal descansando sobre hogueras,
ruina de lo que fue, quizá imponente.
Objeto cadencioso y oxidado.
Pretende ser fortuna o testamento
hundida sobre rocas imposibles.
Con magia testimonia su periplo
de embestidas y estafas y codicias.
Reyes inmortales
resulta que murieron, no la espada.

No tú empuñando el bronce
en medio del invento de querernos.

CUMPLEAÑOS

FIJO los lazos
del regalo de una tarde
y sonríes, y sé
que mereció la pena caminar
por calles atestadas y de tiendas.

Saber qué quieres
y para qué lo quieres.

Delante de un pastel,
nerviosa te adelantas
para pedir deseos
con tu sigilo oculto en los aplausos.

Y todo se detiene frente a ti.

Soplar las velas
es encender el mundo con tu alma.

1990

UNA fecha cualquiera,
tuya, pero de todos;
donde es posible ver igual que hoy
un tramo azul de cielo despejado
o luces de autovía.

Nos llaman animales racionales,
por eso está el amor y su efeméride.
Pero también la cábala y la mística,
y hemos creado el cálculo
y el código postal,

por eso vuelvo al número,
anécdota de ti,
donde no estuve y sé
que se anunciaba un poco mi destino.

LA PREMONICIÓN

EN noches de perseidas,
cuando uno ve estrellas fugaces,
no quiere ser fugaz.

Por contraposición al cielo,
uno cierra el párpado
pero no del todo.

Quiere seguir vivo mientras mira,
al menos de reojo,
a quien está a su lado.

Dos que se miran de reojo
intuyen en el aire un pensamiento
idéntico de ganas de empezarse.

Y en esa brevedad de las miradas
se fraguan los destinos
que hoy perduran:

la duración de un coito o un matrimonio
de dos que se miraron por la calle
y vuelven a esa calle, después,
de aniversario.

ALIANZAS

SE hacen héroes públicos
con un nombre grabado
en el metal de adorno que les une.

Cuando los anillos
caen al fondo del brindis,
se beben uno a otro, y de saliva
a sorbos el amor es alimento.

Son círculos que enlazan
las venas conectadas al latido.
Origen de un principio sin final,

la suma de infinito
con dos vidas.

IDIOMA

EL aire de la voz con que te nombro,
distinto a cualquier aire pasajero.

HAGO TIEMPO

HAGO tiempo en el bar. Pido café.
Compruebo que mi móvil aún tiene batería.
He leído el periódico
como un hombre de izquierdas,
sin mirar demasiado a otras mujeres.
Alguien se duerme al lado de mi sitio.
Quiero hacerle una foto.
Mandártela para decirte:
también sueño contigo en otra mente.
Quiero invitarte a un trozo de tarta.
Ser tu modesto jeque de una tarde.
Basta que algo se mueva en este bar
para pensar que tú eres la que ha entrado.
Pero miro la puerta y no eres tú.
Me suda la camisa,
toco tu anillo,
y creo que ya vienes.

DONUTS EN EL CONGRESO

QUÉ difícil pensar en este día
y, en cambio, qué falta de folios
para ensayar preguntas.

Pública conferencia
acerca de fonemas sibilantes,
de expertos que se creen sus hipótesis.

Lo grave del asunto
es el después, artículos
que nadie leerá,
y elogios abundantes de colegas
a cambio del favor de ser citados.

Las diapositivas, los aplausos,
el abrazo académico: todo se ensaya.
Pero contigo hay solución.

Intuyo que
este engaño de charla con chaqueta
es posible ignorarlo
con un donut.

QUINTO AÑO DE CARRERA

ME decidí a hacer un año más,
metí en la mochila los bolígrafos,
y te encontré a ti,
muchacha de matrículas.

Pensaba de mí mismo que era el candidato
para el premio final de promoción y, no obstante,
me alegra que seas tú la afortunada.

Filóloga en las tardes de tu tiempo.
Estudiando el seseo en la provincia,
releyendo las obras de Delibes,
disfrutando, por fin, tu vocación.

Ponerte por escrito *enhorabuena*
es un oficio cruel, porque he perdido.
Pero prefiero el arte de ser justo.

Invicta del error en los exámenes:
el rojo está en tus uñas y sonríes.

LA BAILARINA

BAILAS toda la noche
con el desequilibrio
de cada canción que te sale al paso.

No eludes tararear un nombre.
Sabes, igual que yo,
que la valentía impone un lugar
a los que sienten necesaria la palabra,
el tacto de una tela o de una tecla,
que la noche en vela
cela tu mirada bajo una lámpara
para guardar desnuda tu armonía.

Mueves el tiempo
en lo que dura un salto
entre ayer y hoy:
exilias la conciencia,
aireas elementos en los párpados,
liberas los dragones de tu mente.

Y es tuyo de este lapso el infinito.
En un vaivén solemne te presentas
cuando quieres clamar
lealtad a los espejos.

DE COMPRAS

FRENTE al escaparate,
te peinas con dos dedos el flequillo,
miras la sugerente oferta de una falda
y sales de la tienda vistiéndola al instante.

No puedes esperar. Te marchas
con bolsas donde llevas el *outfit*
que habías elegido para hoy.

En poco tiempo, eres otra y la misma.
Aclaro que me gusta este suceso
de exiliar la belleza a otros conjuntos.

Pero te reconozco en cualquier tarde.
No sé si es el amor,
o las veces que siempre te imagino
vestida en mil colores,
presumida.

CUANDO AL MIRAR UN GATO
NOS CALLAMOS

QUIETO sobre la cima de una torre,
un gato en equilibrio inalcanzable:
solo presente, ausente de artefactos
que lo filman, que apuran su elegancia
como un milagro previo a la belleza.

Yo soy yo,
y la lógica me dice
que entre la multitud
hay quienes se parecen a nosotros.
Tu cara se confunde con la mía
en medio del desorden y las dudas.
Uno está en otra gente como en sí mismo.

Pero el gato, prodigio de otra creación,
es fiel a su destino en soledades.
Su forma de ser torre es escalarla.
No existe sumisión a los mandatos.
Su forma de ser gato nos provoca
la esclavitud de darle una caricia.

Para que todo esté como en su sitio,
déjalo así. No olvides que hay lugares
reservados a un gato solamente.

DOS SEXTINAS

ME hablas de la creación del universo
como la prueba exacta de estar juntos
desde el origen lento de la luz
y, en cada anochecer, una canción
nos gira en el vinilo de esta casa
donde también nacemos, pero a oscuras.

Todo el que lo quisiera puede a oscuras
sentir la ingravidez del universo.
Apagamos los grifos de la casa,
las lámparas, la tele; y estar juntos
se vuelve un privilegio de canción
que tararo al filo de tu luz.

Cuando las filigranas de la luz
se mezclan con el goce que hay oscuras,
propongo que me aceptes la canción
de amantes más allá del universo.
Nervioso y tenso, floto al estar juntos:
da igual si es en un bosque o es en casa.

Hemos creado el mundo en una casa
con vistas al dominio de la luz
en cuyo amanecer dormimos juntos.
Las horas más felices son a oscuras.

Por eso me imagino el universo
en un silbido loco de canción

que reordena estrellas. La canción
habla de amor y sexo en esta casa
donde rindo un deseo al universo
para fundar mis ojos con tu luz.
Pido que si hay un beso lo haya a oscuras,
y aspiro a sublimarme, tú y yo juntos.

Este romanticismo de estar juntos
se esconde tras un baile de canción
donde nos brilla el alma si es a oscuras.
Los dos tan liberados en la casa
como el poder de fuego de una luz
que cruza a toda prisa el universo.

Siento que el universo al estar juntos
le presta algo de luz a la canción
que suena en esta casa nunca a oscuras.

LA lámpara encendida en esta noche
de vino y de silencio y lentas horas
nos salva de la muerte. No hagas nada
salvo juntar tu sombra con mi cuerpo,
y que empiece una peli en las paredes
de rápido ajetreo sin distancia.

Para salvar mejor una distancia
hay que llegar puntuales a la noche.
Y que sean testigos las paredes
de cuánto amor circula por las horas
en el reloj latido de este cuerpo.
Creer, creo en nosotros, y en más nada.

Me gusta que sudemos sin que nada
pueda evitarlo. Nunca la distancia
pudo romper el pulso en ningún cuerpo
que vive en otro cuerpo por la noche
con la ilusión final de que las horas
proyecten el amor en las paredes.

Dos sombras fusionadas. Las paredes
–pantallas del ingenio– ofrecen nada
(o todo) según quieran estas horas
de luz y sexo y voces sin distancia.

Cambiamos de postura en tanta noche
que noto a más personas en mi cuerpo.

Parece casi magia: un solo cuerpo
ágil se multiplica en las paredes
en esta habitación donde la noche
se esfuerza en asombrarnos. Pero nada
sorprende más que el tiempo en la distancia
abolida, por fin, contra las horas.

En el cronometraje de las horas
que pasamos actuando en otro cuerpo
diría que no existe la distancia.
El arte de vanguardia en las paredes
se debe a lo invisible y a la nada
del vicio en holograma cada noche.

Cuando la noche late en tales horas,
la nada se hace sombra desde un cuerpo
que acorta su distancia en las paredes.

ESCENAS DE NOCTURNOS

De invisible comercio mantenidos,
y desnudos de cuerpo, los favores,
gozaran mis potencias y sentidos;

mudos se requebraran los ardores;
pudieran, apartados, verse unidos,
y en público, secretos, los amores.

FRANCISCO DE QUEVEDO

2

NOCTURNO

COPAS altas de vino tiemblan de pura noche,
altas como edificios donde saltan ingleses
a una piscina. Yo salto contigo
hacia el vértigo, a una coincidencia de horarios
para hacer planes juntos y quererse.
Las noches que en la vida se suceden
pasan todas iguales, menos esta.
Siempre la noche de ahora es la importante.
El vino lo tomamos
igual que un lubricante de lenguas embriagadas,
y ayuda a que el ambiente sea tenue
para verse mejor, qué paradoja.
Mañana las alarmas nos despiertan.
Habrá madrugadores que compren pan caliente
o paseen el perro. Y copas altas en estantes
con álbumes de fotos. En la decoración,
también nuestra botella de rioja.
Vacía como un bolso que han robado,
tendrá este papelito donde firmo
que hay noches que prefieren no dormirse.
Que la tiren al mar y alguien la encuentre.

Que la giren en corro los fiesteros.
Que sepan por tu sueño y por el mío
que hay noches que merecen
la vigilia.

FETICHISMO

TE has pintado de rojo
las uñas de los pies, y te confieso
que mi debilidad es el asombro
de ver cómo te quitas los tacones
para pedirme a mí, tu fetichista,
un masaje con cremas hidratantes
y algún beso en el arco de tu planta
donde el amor empieza si respiro.

También en otro sitio lo daría.
Un beso lubricado por un sorbo
para saborearte, uno a uno,
los diez dedos con mimo de cuidarlos
para siempre: saliva derramada,
placer donde yo aprendo que el buen gusto
empieza en descalzarte y ese aroma
de tu sudor prohibido, tan vital.

Confieso que te escribo este poema
erecto y con el vicio de tocarlos
en un futuro próximo. No sé
si esta descortesía del descaro

me resta confianza o me evidencia.
Pero lo tengo claro: si los beso
y te gusta sentir mi calidez,
habrá que repetirlo hasta la muerte.

A OSCURAS

HAY una tradición clásica y simbólica
respecto al sexo
que exige una caricia
leve, suave, efímera,
y condiciona la ejecución
de tanta furia.
Pero tú lo pides.
Quieres que cambie el rostro
de mi labor diaria
y muerda un poco el labio.

Se deduce que este deseo
crece en rotundidad de lo que ansía,
secuencia de incontables tentativas.
Quién resiste el orgasmo intemporal.
Quién no quiere más
después de conseguirlo.

Con la astuta mecánica de un goce
compartimos el ángulo del trago
que nos derrama al peso de una cama.
Antes de que me pidas

el efecto de un mimo, ya lo sé.
Estoy atento al ritmo de esta noche:

interpreto el derrumbe de la luz
igual que una ocasión para intentar
ser más de lo que somos.

GALAXIA

QUIERO gritar al aire libre
de esta senda en el campo
que tú eres mitológica.

Aspiro a que, íntimamente,
organices mi agenda
y reserves un día al infinito.

Tener la lucidez
para entender un símbolo
en tus ojos.

PRONÓSTICO DE CLARIDAD

QUE vienes de una estrella, lo dicen los expertos.
Quizá por eso todo es luz.
La luz en expansión sin rendición.
La luz universal de los planetas
o el flexo por encima de los códices.

Con tanta claridad,
veo un lunar marcado por tu escote.
Lunar sobre la piel que me remite
al mito de los astros y tu origen.

Y todo es luz
en la que exhalas viento y salvación,
y prefieres que se borren
las cartas de un amor adolescente
y el acierto del gol en la quiniela
y la prosperidad y el universo.
Todo, salvo el lunar, el tuyo mágico.
Mi punto de contacto con la calma.

EL SITIO EXACTO

EL avance científico no asegura
cuánta vida nos queda
para cantar la vida,
por eso tú confías en un baile
que abarque en su extensión
toda la luz.

El sol nos lo traemos
pegado hasta la piel
bajo una noche antigua como todas.
Y dormiremos juntos una luz
cuando apaguemos lámparas y grifos.
Abres la ducha y, lenta, te abandonas.

Un agua de abandono
que invade al movimiento en su descanso.
Te vas quitando el polvo
de este día que late por la noche.
Una cadencia en vilo, desbordante,
una bañera grande para dos.
Desnudos con la música
de Schubert.

Por debajo del agua te sostengo
un pulso compartido.
Por mediación del tacto
se ha presentido a ciegas
una felicidad del sitio exacto.
Aunque queden enigmas,
importa lo inmediato de tu piel
con una mancha azul de nacimiento.

Preciosa la belleza inexplicable.
Lavo esa mancha azul entre tus células.
Lavarla es un decir.
Sé que es eterna
y nadie va a borrarla.
La ducha en esta casa de esta noche
nos bautiza de nuevo.

Qué absoluto el milagro.
Volver a ser el mismo después de ser el mismo,
el baile circular
de la conversación y del amor.

ÍNDICE

EL AIRE DIVIDIDO

DOS SEXTINAS

ESCENAS DE NOCTURNOS

ADONÁIS
COLECCIÓN DE POESÍA

Director: CARMELO GUILLÉN ACOSTA

ÚLTIMOS VOLÚMENES PUBLICADOS:

667.–Guillermo Marco Remón: OTRAS NUBES (Accésit del Premio «Adonáis» 2018).

668.–José Alcaraz: EL MAR EN LAS CENIZAS (Accésit del Premio «Adonáis» 2018).

669.–Déborah García: TE DOY EL MAR. (Premio «Alegría» 2019).

670.–Joaquín Antonio Peñalosa: TODAVÍA HAY PRIMAVERA. TODAVÍA (Antología poética). Selección y prólogo de Fernando Arredondo.

671.–Enrique García-Máiquez: MAL QUE BIEN.

672.–María Elena Higueruelo: LOS DÍAS ETERNOS. (Premio «Adonáis» 2019).

673.–Diego Medina Poveda: TODO CUANTO ES VERDAD. (Accésit del Premio «Adonáis» 2019).

674.–Felicitas Casillo: EL CONTORNO DEL ROBLE (Accésit del Premio «Adonáis» 2019).

675.–Carlos Javier Morales: EL CORAZÓN Y EL MAR.

676.–Diego Roel: ANDRÉI RUBLIOV (Premio «Alegría» 2020).

677.–Daniel Cotta: ALUMBRAMIENTO.

678.–Abraham Guerrero Tenorio: TODA LA VIOLENCIA (Premio «Adonáis» 2020).

679.–Marta Jiménez Serrano: LA EDAD LIGERA (Accésit del Premio «Adonáis» 2020).

680.–Rodrigo Olay: VIEJA ESCUELA (Accésit del Premio «Adonáis» 2020).

681.–Ignacio Pérez Cerón: MÁRGENES DE ERROR (Accésit del Premio «Adonáis» 2020).

682.–José Manuel Gutiérrez: PAISAJES DE LA ALEGRÍA.

683.–José María Higuera: PROYECTO DE INTERIORISMO (Premio «Alegría» 2021).

684.–Nuria Ortega Riba: LAS INFANCIAS SONORAS (Premio «Adonáis» 2021).

685.–Andrés María García Cuevas: LAS CIUDADES (Accésit del Premio «Adonáis» 2021).

686.–Félix Moyano: LA DEUDA PROMETIDA (Accésit del Premio «Adonáis» 2021).

687.–Fernando García Moggia: CUÍDATE DEL AGUA MANSA (Premio Alegría 2022).

688.–Luis Escavy: VICTORIA MENOR (Premio «Adonáis» 2022).

689.–Irene Domínguez: PUREZA (Accésit del Premio «Adonáis» 2022).

690.–Lola Tórtola: LOS DIOSES DESTRUIDOS (Accésit del Premio «Adonáis» 2022).

691.–Rubén Martín Díaz: LÍRICA INDUSTRIAL (Premio Alegría 2023).

692.–María Paz Otero: LOS ATORMENTADOS. (Premio «Adonáis» 2023).

693.–Antonio Díaz Mola: EL AIRE DIVIDIDO (Accésit del Premio «Adonáis» 2023).

Las obras que han obtenido el Premio «Adonáis» aparecen numeradas en negrita.

ESTA PRIMERA EDICIÓN DE
«EL AIRE DIVIDIDO»,
DE ANTONIO DÍAZ MOLA,
VOLUMEN 693 DE LA COLECCIÓN «ADONÁIS»,
PUBLICADA POR EDICIONES RIALP, S.A.,
MANUEL URIBE 13-15, MADRID,
SE ACABÓ DE IMPRIMIR EN LOS TALLERES DE
ESTILO ESTUGRAF, S.L.,
CIEMPOZUELOS (MADRID),
EL DÍA 29 DE ENERO DE 2024.